s Les Peti

Petits Sa

Voirs

ts Savoir

Dominique de Saint Mars ♦ Serge Bloch

On va avoir un bébé !

BAYARD ÉDITIONS / ASTRAPI

Dans la collection « Les petits savoirs »

- L'étonnante histoire de la vie
- Petite histoire amusante du progrès
- Petites recettes faciles

Ce livre est une adaptation
de l'Astrapan « On va avoir un bébé »
paru dans le journal *Astrapi*.

Texte : Dominique de Saint-Mars
Illustrations : Serge Bloch
Maquette : Pascale Desmullier
Lettrage : Nicole Vilette
Mise en couleur : Catherine Legrand

Conception graphique
de la collection « Les petits savoirs » :
Pierre Hovnanian.
Cette collection doit beaucoup
à l'amicale collaboration de Serge Bloch.
Responsable d'édition : Evelyne Montigny.

Direction de la collection : Catherine Peugeot
et Pascal Ruffenach

ISBN : 2 227 70 237 0
Loi 49956 du 16 juillet 1949
sur les publications
destinées à la jeunesse
Dépôt légal : novembre 1994
Impression et reliure :
Pollina s.a., 85400 Luçon - n° 66199

On va avoir un bébé !

Je te dis qu'il se passe quelque chose de pas normal dans cette maison!
Oui, c'est louche!
Et tu ne trouves pas qu'elle est bizarre, maman?

Une surprise incroyable !

Elle n'arrête pas d'être énervée !
Et papa, il ne fait que ranger !
On nous fait des cachotteries...
Pourtant, on n'a pas fait tellement de désordre, ces jours-ci ?
Moi, non ! Toi, je ne sais pas !
Alice et Martin, venez vite !
C'est maman !
Mes petits chéris, on a une grande nouvelle à vous annoncer !...
Voilà !... J'attends... euh... on attend un bébé !
Quoi ?
Tu le savais, toi, papa ?
Oui !
Youpii ! je vais avoir une petite sœur !
Ouah !... ce sera un petit frère !

Oui, maman, s'il te plaît, fais que ce soit une petite fille!
On ne peut pas choisir!
Ah! elle dormira avec moi dans ma chambre!
Non, avec moi!
Au début, on le mettra dans la chambre de Martin. Vous dormirez tous les deux dans la grande.
Oui, et on aura le droit de jouer le soir...
Il sera grand comment, quand il naîtra?
Comme ça! A peu près 50 centimètres!
Je vais téléphoner à mes copines pour leur dire...
C'est incroyable ce qu'on a comme chance!

Maman est enceinte

Mais au fait, maman, comment tu t'en es aperçue?
Je sentais qu'il se passait quelque chose dans mon corps!
Et hier, j'ai été chez le médecin qui m'a dit que j'étais enceinte!
Laisse-moi à côté d'elle!
Non, c'est ma place.
Il t'a fait une blague! On ne le voit même pas, le bébé!
Mais il n'a que 2 mois! Il mesure 3 centimètres. La taille d'une petite allumette!
C'est vrai tout ça, papa?
Oui! Et il doit peser dans les 3 grammes!
Pourtant, je suis déjà fatiguée!
Moi aussi!
Tu es peut-être enceinte, toi aussi!

Le futur bébé a 2 mois

Est-ce que c'est un bébé miniature?
Non.
D'ailleurs, jusqu'à la naissance, on ne dit pas bébé, mais fœtus. Pourtant, il a déjà un petit cœur qui bat!
Bof! moi, je préfère bébé!
Il doit être mignon! J'espère qu'il va naître vite!
Oh! il naîtra en mai : il met neuf mois et une semaine pour se développer.
Chouette! Pour mon anniversaire de 10 ans!
Moi, j'aurai 8 ans. Hé! hé. Je vais lui paraître grand, à mon petit frère!
Mais je ne comprends toujours pas comment il est arrivé là...
Allez! Explique-nous en vrai, papa!
Eh bien, hum! c'est très simple... C'est une histoire d'amour... Enfin ce n'est pas si simple... Hum! voyons, par où vais-je commencer?

Une histoire d'amour

Vous savez qu'un homme et une femme, ce n'est pas fait pareil !
Ouais, ouais, on sait !
Le sexe de l'homme s'appelle le pénis. Il a deux glandes au-dessous : les testicules.
Moi, j'ai le même en petit !
Dans le sexe de la femme, il y a comme un petit tunnel : le vagin, qui est au-dessous du trou pour faire pipi.
Alors, quand un homme et une femme s'aiment, ils se trouvent beaux, et ils sont attirés l'un vers l'autre...
Ils ont envie de s'embrasser...
Hi ! hi ! Comme des amoureux !
Ils ont envie de se serrer très fort et de se caresser. Alors le pénis de l'homme devient dur...

Pour être encore plus près, l'homme glisse doucement son pénis dans le vagin de la femme.
C'est ça qu'on appelle faire l'amour.
Mais ça fait quoi?
C'est très agréable pour tous les deux... comme des caresses très douces et très fortes...
Ça leur donne du plaisir. Ça les rend très heureux! Et, à un moment, un liquide, le sperme, sort du pénis de l'homme et coule dans le vagin de la femme.
C'est du pipi?
Non! l'urine vient de la vessie, tandis que ce liquide vient des testicules.
Mais je ne sais toujours pas d'où il vient, ce bébé!

Le grand voyage

Maintenant, je vais vous raconter ce qui se passe dans le ventre !
La femme a une réserve de 300 000 œufs microscopiques qui s'appellent les ovules.
Tous les mois, un de ces ovules est prêt à devenir un bébé, mais il ne vit que trois jours…
Et le papa, il sert à quoi ?
Justement ! Pour faire ce bébé, il faut que l'ovule rencontre un spermatozoïde !
C'est qui le père Matozoïde ?
Les spermatozoïdes sont les petites cellules qui se trouvent dans le sperme de l'homme : ils sont environ 100 millions !
Ouah ! Super !
Quand ils arrivent dans le sexe de la femme, ils se précipitent à la recherche de l'ovule.

Mais il n'y en a qu'un qui réussira à rentrer dans l'ovule... C'est la fécondation.
C'est une rencontre extraordinaire et secrète : c'est le début du bébé !
L'œuf fécondé va se nicher dans l'utérus qui est la poche où le bébé va grandir.
Et si aucun spermatozoïde ne rentre dans l'ovule ?
Il n'y a pas de bébé !
L'ovule s'en va avec le "nid" préparé chaque mois pour nourrir le bébé. La femme perd un peu de sang - C'est ce qu'on appelle les règles.
Ça y est ! Maintenant, j'ai compris comment ça marche !
Moi aussi !... Enfin, presque !

Hum !… hum !… on a des questions

Oh ! on est bien dans son lit !
Dis donc, tu as un peu grossi, déjà !
Il a 3 mois, le bébé, maintenant !
Tu attends peut-être des jumeaux ?
Oui : un garçon et une fille ?
Non, on m'a fait une échographie : j'ai vu l'intérieur de mon ventre sur un écran. Et il n'y a qu'un seul bébé !
Et tu n'as pas vu si c'était un garçon ?
Non, on n'a pas pu voir son sexe !
Et moi, à mon âge, est-ce que je peux avoir un bébé ?
Non, tu es trop petite !
Quand est-ce que je serai assez grande ?
Quand tu auras eu tes premières règles. C'est souvent entre 11 et 15 ans.

Le futur bébé a 3 mois

Et moi ?
Tu commenceras à fabriquer des spermatozoïdes à la puberté, vers 14 - 15 ans.
Mais quand on veut avoir un bébé, il faut attendre de rencontrer quelqu'un qu'on aime vraiment !
Mais, moi, je t'aime !
Et puis, il faut un métier, une maison... être grand, quoi !
Comment ça se fait qu'on n'ait pas un bébé tous les neuf mois ?
Il y a des moyens pour éviter d'avoir trop de bébés. On appelle ça la régulation des naissances.
Moi, je veux bien que vous ayez un bébé chaque année ! Mais que des garçons !
Il est bête !

Comme un poisson dans l'eau !

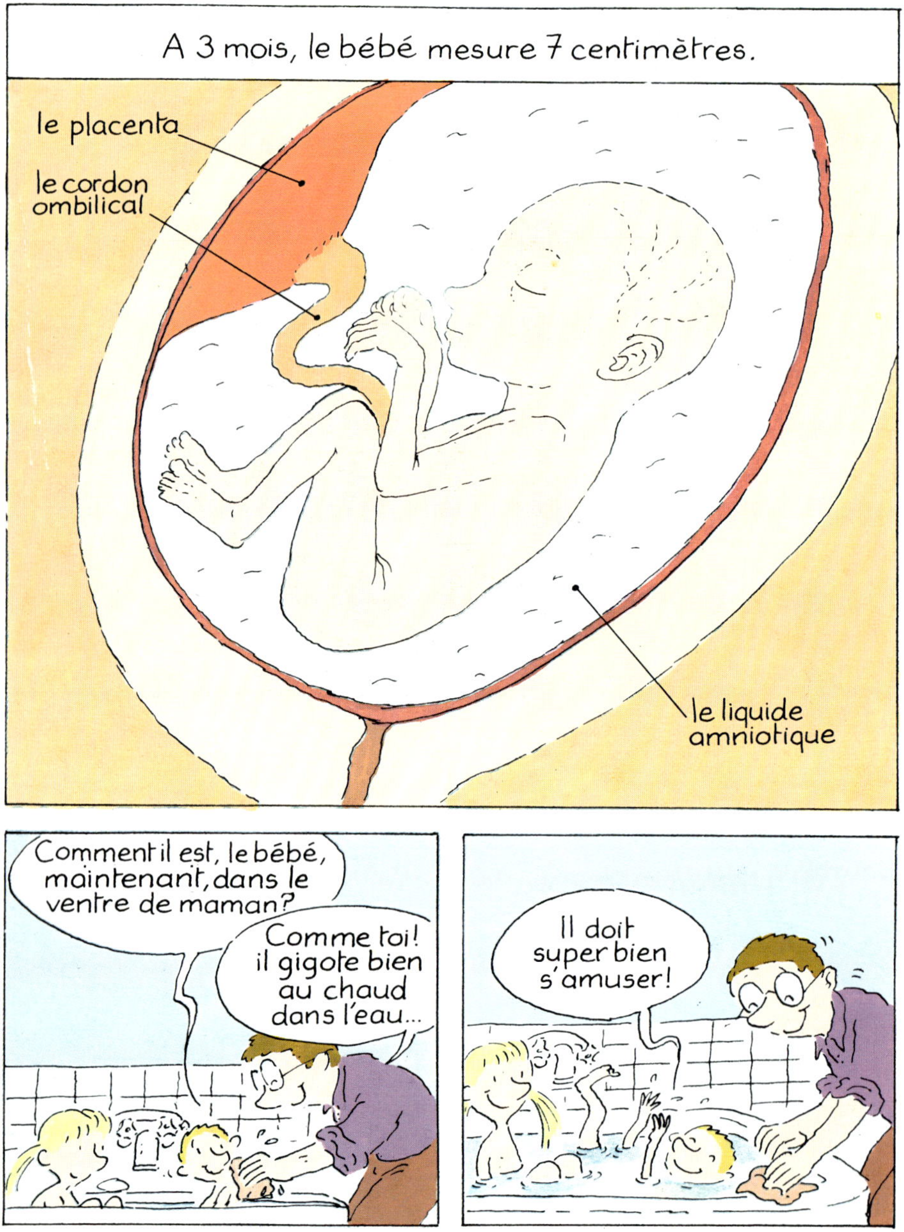
A 3 mois, le bébé mesure 7 centimètres.
le placenta
le cordon ombilical
le liquide amniotique
Comment il est, le bébé, maintenant, dans le ventre de maman?
Comme toi! il gigote bien au chaud dans l'eau...
Il doit super bien s'amuser!

Mais il ne peut pas respirer, alors ?
Si ! il respire par son cordon ombilical !
Et sa peau ? Elle doit être toute fripée, comme quand je reste trop dans l'eau.
Non, parce qu'elle est recouverte d'une sorte de crème.
Boouuh! il doit faire tout noir, là-dedans!
Ça ne le gêne pas. Il dort presque tout le temps !
Ouille! je me suis cognée!
Lui, il a plus de chance Ses murs sont élastiques!
Quand je pense qu'il a déjà des tout petits bras et des toutes petites jambes !...
!?
... Et surtout, qu'il va être beau comme moi !

Nourri par un cordon

Maman, c'est la troisième barre de chocolat que tu manges ...
Quand on est enceinte, on a des petites envies !
Ce bébé, je suis sûr qu'il va aimer le chocolat, plus tard !
Mais il mange le chocolat, le bébé ?
Pas directement. Mais ce que je mange est digéré puis passe dans mon sang.
Ça arrive jusqu'au placenta, ce petit "nid" qui est devenu un vrai garde-manger pour le bébé.
Et le bébé reçoit la nourriture par son cordon ombilical.
Par son nombril !
!?

Et dans sa poche d'eau, il ouvre la bouche?
Oui, et il en avale de temps en temps.
Mais il fait pipi dedans!... Et alors il boit son pipi!
Oui, mais l'eau est nettoyée tout le temps.
C'est génial!
Qu'est-ce que tu fais, Martin?
Assieds-toi, et finis ton chocolat!
Je veux essayer de le boire par le nombril!
Qu'il est bête!

Il bouge !

Elle était super, cette bataille de boules de neige !
Demain, on fera un bonhomme !
Alice et Martin, venez vite ! Il se réveille... Vous allez le sentir bouger !
Vous pouvez lui parler : à 5 mois, il commence à entendre !
Oui, je le sens !

Le futur bébé a 5 mois

C'est sa main !
Non, c'est son pied ! Ça ne te fait pas mal ?
Non, pas du tout !
Il est grand comment ?
20 centimètres. Et maintenant, il a des cheveux et des ongles.
Vous savez, les enfants, si c'est une fille, on voudrait l'appeler Sarah !
Ou Martine ?
Moi, j'adore !
Et si c'est un garçon, Robin !
Comme Robin des Bois !
Oh ! oui ! Super !
Ah ! ah ... je vais parler à mon petit bébé !
Bonjour. Alors, comment il va, mon bébé ? Mon doudou ...
Ma parole ! ... C'est Radio-Bébé !

Allô ! allô ! ici radio bébé…

A 7 mois, le bébé mesure 33 centimètres. Il sait trouver son pouce et le sucer. C'est son premier jouet!
Ses yeux sont ouverts. Il peut voir la lumière à travers la peau de sa mère...
Quand sa mère marche, il s'endort, bercé par le mouvement. Et quand elle se repose, il se réveille!
Si sa mère a mangé beaucoup de gâteaux, le liquide est plus sucré et le bébé à plaisir à en avaler.
Si sa mère est effrayée et que son cœur bat plus vite... celui du bébé aussi!
Le bébé peut sentir quand on le caresse avec la main!

Le futur bébé a 7 mois

Quand sa mère écoute de la musique, il l'entend ... et il s'en souviendra quand il sera grand!
Il entend aussi le sang qui circule dans le placenta et dans le cordon ...
TCHi TCHi BOUM!...
Tchi. Tchi boum!...
Quand on lui parle, il s'approche pour mieux écouter...
Une porte qui claque, une dispute le font sursauter. Il se blottit au fond du ventre !
PAF!
Maman! Martin ne veut pas me prêter son Astrapi!
PIF!
Rapporteuse! Tiens, tu vas voir!
Il reconnaît de l'intérieur la voix de sa mère, et ça le rassure ...
Dodo, l'enfant do, l'enfant dormira bien vite!
Je me souviens que quand j'étais dans le ventre de maman, tu m'avais promis de me prêter tous tes jouets!

Les derniers préparatifs

Je reviens de chez le médecin. Il m'a dit que le bébé avait bien grossi, ce dernier mois !
Pendant ce temps-là, nous, on a bien travaillé !
Il s'est déjà mis en position pour naître, la tête en bas.
On a presque fini d'arranger sa chambre !
Regarde, maman, je lui ai fait un dessin pour mettre au-dessus de son lit !
Il est superbe !
Ah ! moi, il faut que je l'essaie, ce petit lit !
Arrête, Martin ! tu vas tout casser !

Le futur bébé a 8 mois

Oh! tu n'arrêtes pas de me gronder. Tu aimes plus le bébé que moi!
SNIF!
Mais non, mais non! Allez, viens que je te fasse un petit câlin!
Et moi, alors? Je compte pour du beurre!
Vous savez que vous êtes mes petits lapins adorés!
Euh... j'ai bien réfléchi : je lui donnerai mon ours! Ça va être dur, mais c'est décidé!

Maman part pour la maternité

Mamie est venue dîner, ce soir-là !
Ouille ! Je viens d'avoir encore une contraction dans le ventre.
Ça en fait une toutes les dix minutes !
Ça fait mal ?
Oui. Surtout quand les contractions sont rapprochées... Les muscles se contractent pour aider le bébé à sortir.
Allez, allez !... Il est temps de partir !
Où sont les clefs de la voiture ?
Ta valise, chérie !
Mon manteau !
Je crois que le bébé veut naître ! Alice et Martin, vous vous occuperez bien de votre papa, cette semaine !
Ne t'inquiète pas, maman, je serai sage comme une image !
Bon courage, ma chérie !
Dépêchons-nous !

Le futur bébé a 9 mois

A 4 heures du matin, le 1er mai...
Oh ! ils se sont mis dans le même lit !
Martin ! Alice ! Vous avez un petit frère. Il s'appelle Robin.
Mmh !... On est bien contents... Mmh !
Le matin...
Bonjour, papa !
Ça va, Serge ?
Je suis crevé ! L'accouchement, c'est épuisant aussi... pour les pères !
Bonjour !
Alors, c'est vraiment un garçon ?
Oui ! Il pèse 3 kilos et demi, et il a plein de cheveux blonds, comme Alice.
Votre maman va bien, et elle vous embrasse très fort.
Ah ! j'ai envie de voir le bébé !
Au fait, j'ai une photo de lui !

La naissance de Robin

On ne peut pas aller voir maman et le bébé ?
Non, à cause des microbes : les bébés peuvent attraper les maladies des enfants.
Je le trouve mignon, moi !
Bof ! il ressemble un peu à une saucisse !
Alors, raconte-nous comment ça s'est passé !
On est arrivés à la maternité, et on a installé votre maman dans la salle d'accouchement.
Les contractions ont fait descendre le bébé. Elles ont agrandi aussi le petit tunnel qui est devenu très élastique.
Votre maman a poussé très fort, et la tête du bébé est apparue.

On a sorti le bébé. On a vu que c'était un garçon. Il a crié, et l'air est entré pour la première fois dans ses poumons.
On l'a posé sur le ventre de votre maman. On l'a caressé, et il s'est calmé. On était très émus !
La sage-femme a coupé le cordon ombilical. Ça ne lui fait pas mal. Et elle lui a mis un pansement.
Puis, elle lui a attaché un petit bracelet autour du poignet avec son nom.
Elle l'a lavé, pesé, habillé chaudement, et il s'est endormi.
ROBIN
Maintenant, votre maman doit se reposer. Elle rentrera dans une petite semaine.
Tu sais, papa, je le trouve quand même mignon, mon petit frère !

Et nous voilà cinq !

Martin!... Maman est là avec Robin!...
Ah! vous voilà enfin!
Pour fêter ça, je vous ai rapporté des petits cadeaux!
Ouah! Super, le robot!
Venez voir! Il dort encore dans la position qu'il avait dans le ventre de sa maman.
PUZZLE GÉANT
Mais il ne fait que dormir! J'en ai marre!
Ça y est, il se réveille!
Je peux le prendre, papa?
Oui, mais tiens bien sa tête!
Et moi après!

Ce que tu es petit!... Mais tu voulais être dans mes bras!
Venez, on va le changer!
On lui enlève sa couche sale!
Oh! le coquin, il m'arrose!
Voilà, c'est fini. Ada... Ouh! qu'il est content, mon gros bébé!
C'est à moi de le porter!
Il a les yeux gris-bleu!
Oui comme tous les bébés, mais ils ne garderont peut-être pas cette couleur!
Mmh! Il sent bon!
Mais pourquoi il pleure ?... Je ne lui ai rien fait!
C'est parce qu'il a faim!
Mouais, elle ne sait pas s'en occuper! c'est tout!
WOUIN! WOUIN!

Robin tète

Il en fait, du bruit, pour un si petit bout de chou!...
C'est le lait que tu bois qui ressort?
Non, c'est moi qui le fabrique!
Et nous, tu nous a donné ton lait?
Oui, et aussi des biberons!
Il est content... Regarde comme il se blottit contre maman!
Il en a, de la chance!
On pourrait avoir une petite place?
Oh! oui maman!
Ah! là! là! j'ai vraiment trois bébés!
Et moi alors?!

Pour bien comprendre

A un mois : 5 mm

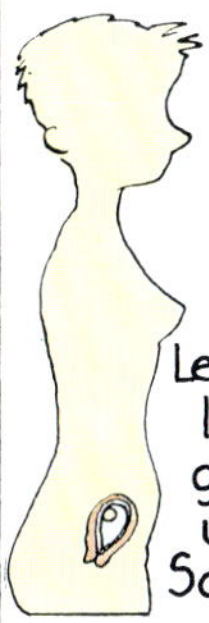

L'œuf s'est bien accroché dans l'utérus de la mère. Les cellules de l'œuf se multiplient. Le bébé se forme. Il devient vite gros comme un petit pois. Son cœur bat.

A deux mois : 3 cm

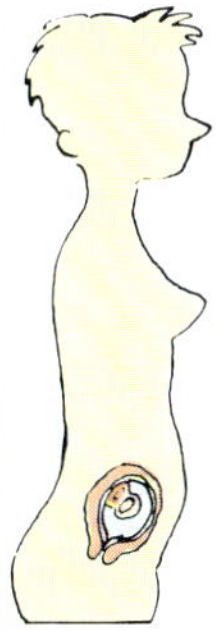

Le bébé ressemble un peu à un têtard ! Il a deux yeux sans paupières. Il commence à bouger mais sa mère ne le sent pas encore.

A trois mois : 7 cm

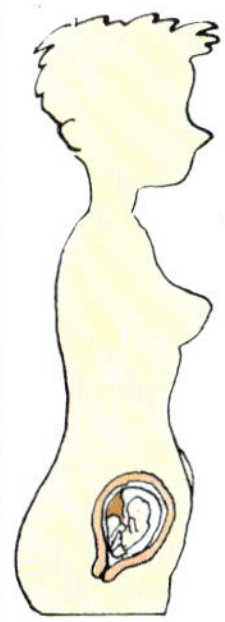

Tout le corps du bébé est constuit. Son sexe est formé. Il ouvre la bouche et tourne déjà la tête.

A quatre mois : 15 cm

Le bébé commence à avaler et à faire pipi : ses reins fonctionnent. Ses petits doigts ont déjà des ongles.

A cinq mois : 20 cm

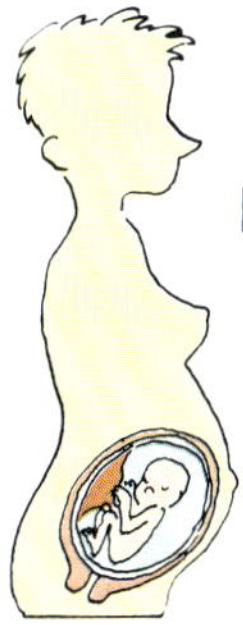

Les cheveux du bébé poussent. Il a des cils, des sourcils et un duvet sur la peau. Sa mère commence à le sentir remuer.

A six mois : 28 cm

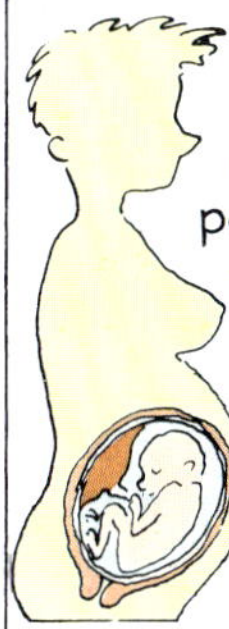

Le bébé dort et reste éveillé pendant plus longtemps. Il pèse 1 kg et il entend les bruits de l'extérieur, la musique et les voix.

A sept mois : 40 cm

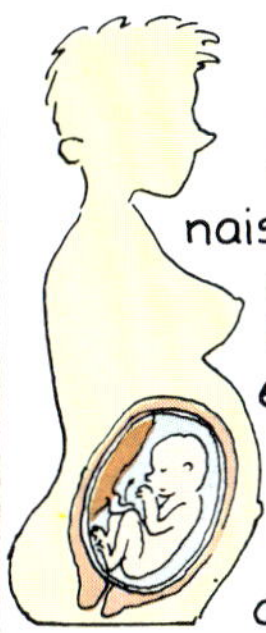

Le bébé pourrait vivre s'il naissait. Dans ce cas, on le mettrait en couveuse pour le garder bien au chaud.

A huit mois : 45 cm

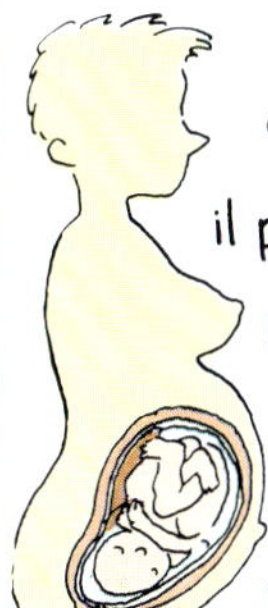

Le bébé commence à grossir : il pèse environ 2,5 kg. Il se remplit : sa peau qui était ridée, devient toute lisse.

A neuf mois : 50 cm

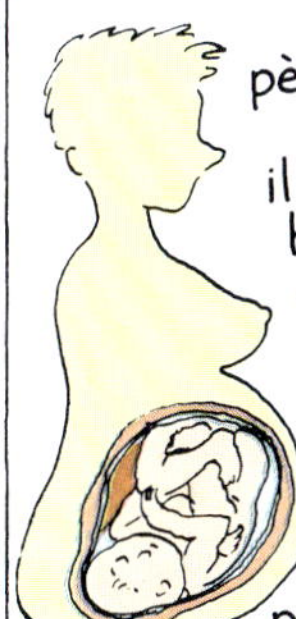

Le bébé pèse environ 3 kg et il n'a plus beaucoup de place dans l'utérus. La tête en bas, il est bientôt prêt à naître.

Cette fois, nous, on a compris ! Et toi ?

On va avoir un bébé !

La grande nouvelle **7**
Il se passe quelque chose
Une surprise incroyable !

Le futur bébé a 2 mois **10**
Maman est enceinte
Une histoire d'amour
Le grand voyage

Le futur bébé a 3 mois **16**
Hum !... hum !... on a des questions
Comme un poisson dans l'eau !
Nourri par un cordon

Le futur bébé a 5 mois **22**
Il bouge !

Le futur bébé a 7 mois **24**
Allô ! allô ! Ici radio bébé...

Le futur bébé a 8 mois **26**
Les derniers préparatifs

Le futur bébé a 9 mois **28**
Maman part pour la maternité

L'événement **30**
La naissance de Robin
Et nous voilà cinq !
Robin tète

Pour bien comprendre **35**
Les neuf mois du futur bébé

tS SaVoiR
VoiRS LeS
PetitS Sa
s LeS Peti